Impressum
Verlag: BABADADA GmbH, Nedderfeld 112 , 22529 Hamburg
Geschäftsführer / Verlagsleitung: Harald Hof
Druck: Books on Demand GmbH, In de Tarpen 42, 22848 Norderstedt

Imprint
Publisher: BABADADA GmbH, Nedderfeld 112 , 22529 Hamburg, Germany
Managing Director / Publishing direction: Harald Hof
Print: Books on Demand GmbH, In de Tarpen 42, 22848 Norderstedt

σχολείο

lekol

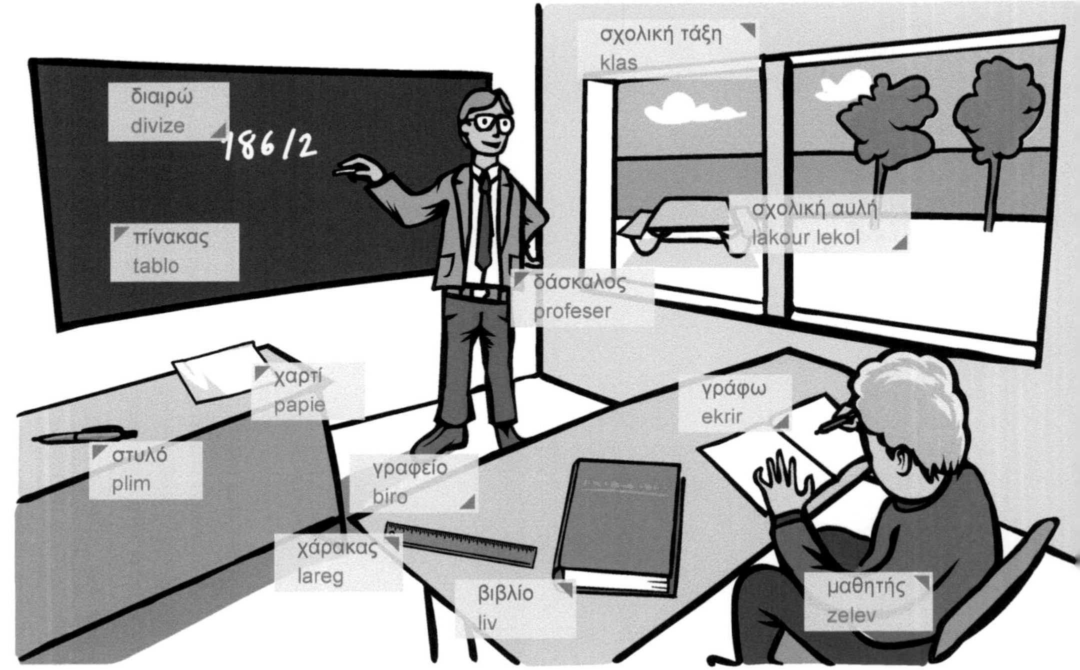

σχολική τάξη
klas
διαιρώ
divize
186/2
πίνακας
tablo
σχολική αυλή
lakour lekol
δάσκαλος
profeser
χαρτί
papie
γράφω
ekrir
στυλό
plim
γραφείο
biro
χάρακας
lareg
βιβλίο
liv
μαθητής
zelev

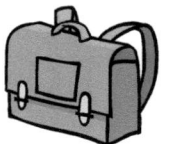

σχολική τσάντα

sak lekol

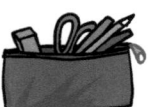

κασετίνα/ μολυβοθήκη

plimie

μολύβι

kreyon

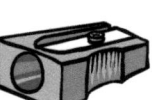

ξύστρα

egizwar

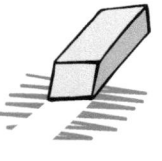

γόμα

gom

μπλοκ ζωγραφικής

kaye desin

ζωγραφική

desin

πινέλο

pinso

κουτί χρωμάτων

bwat lapintir

ψαλίδι

sizo

κόλλα

lakol

τετράδιο ασκήσεων

kaye devwar

εργασία για το σπίτι

devwar

αριθμός

nimero

προσθέτω

azoute

αφαιρώ

retire

πολλαπλασιάζω

miltipliye

υπολογίζω

kalkile

γράμμα

let

αλφάβητο

alfabet

λέξη

mo

κείμενο
text

διαβάζω
lir

κιμωλία
lakre

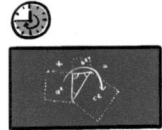

μάθημα
leson

εγγράφομαι
rezis

τεστ
lexame

πιστοποιητικό
sertifika

μαθητική στολή
iniform lekol

εκπαίδευση
ledikasion

εγκυκλοπαίδεια
lansiklopedi

πανεπιστήμιο
liniversite

μικροσκόπιο
mikroskop

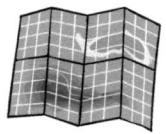

χάρτης
map

καλάθι αχρήστων
poubel

ταξίδι

vwayaz

ξενοδοχείο
lotel
Grand
ξενώνας
loberz
ROOMS
CHANGE
ανταλλακτήρια συναλλάγματος
biro sanz
βαλίτσα
valiz
αυτοκίνητο
loto

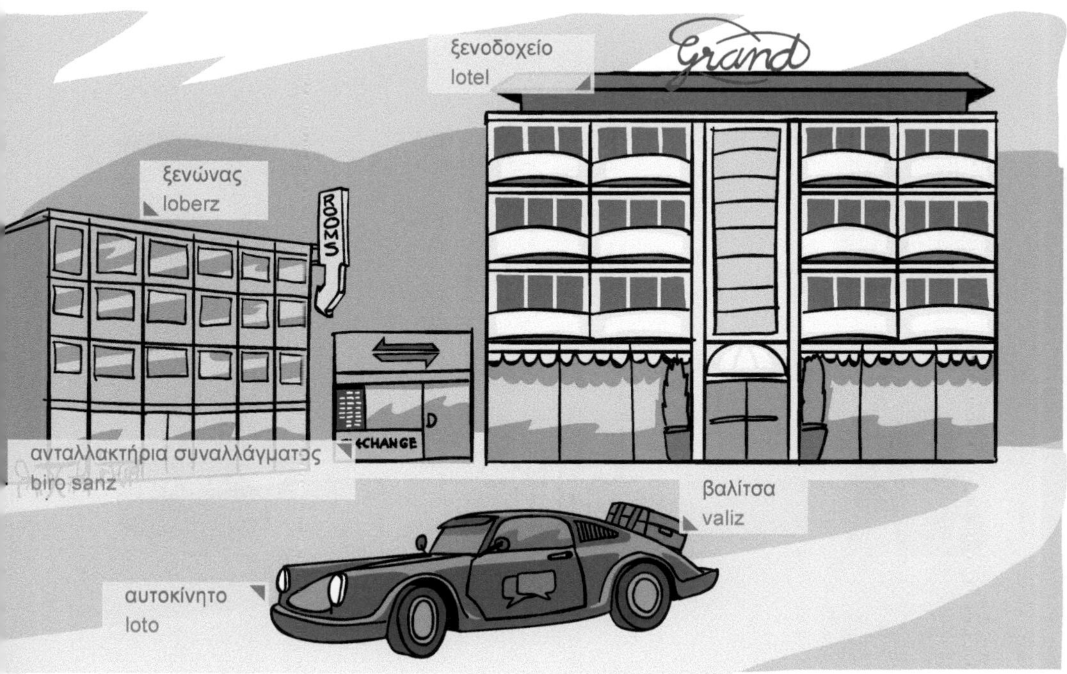

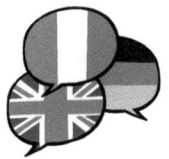

γλώσσα

langaz

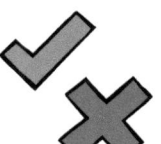

ναι / όχι

wi / non

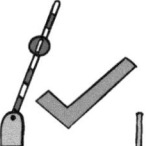

εντάξει

okay

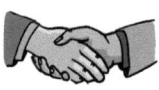

γεια σου

Alo

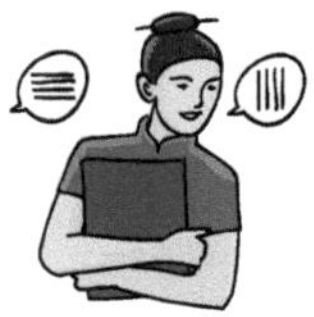

μεταφραστής

tradikter

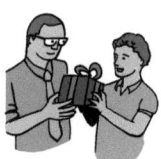

Ευχαριστώ

Mersi

πόσο κάνει ;

komie sa..?

Δε καταλαβαίνω

Mo pa pe konpran

πρόβλημα

problem

Καλησπέρα!

Bonswar!

Καλημέρα!

Bonzour!

Καληνύχτα!

Bonn nwi!

Αντίο

o-revwar

κατεύθυνση

direksion

αποσκευές

bagaz

τσάντα

sak

σακίδιο πλάτης

sak-a-do

καλεσμένος

ot

δωμάτιο

pies

υπνόσακος

sak kousaz

σκηνή

latant

τουριστικές πληροφορίες

lofis tourism

παραλία

laplaz

πιστωτική κάρτα

kart kredi

πρωινό

ti-dezene

μεσημεριανό

dezene

δείπνο

dine

εισιτήριο

biye

ανελκυστήρας

lasanser

γραμματόσημο

tem

σύνορα

frontier

τελωνείο

ladwann

πρεσβεία

lanbasad

βίζα

viza

διαβατήριο

paspor

ταξίδι - vwayaz

μεταφορά
transpor

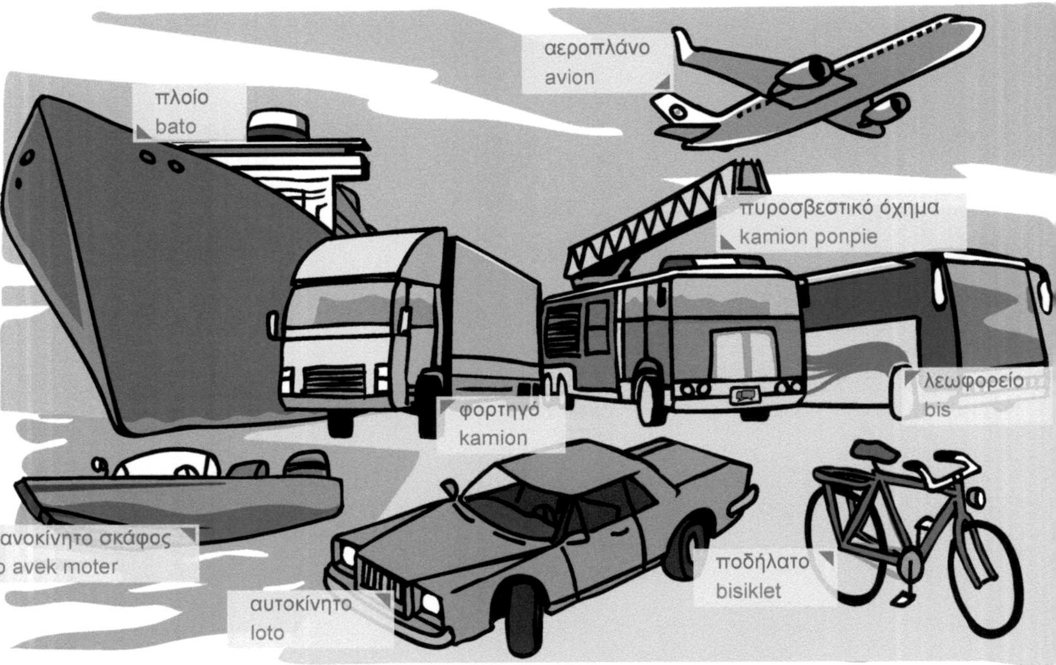
αεροπλάνο
avion
πλοίο
bato
πυροσβεστικό όχημα
kamion ponpie
λεωφορείο
bis
φορτηγό
kamion
χανοκίνητο σκάφος
to avek moter
ποδήλατο
bisiklet
αυτοκίνητο
loto

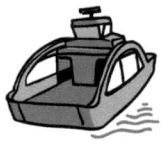

φεριμπότ
feri

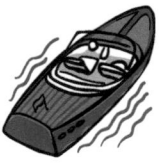

βάρκα
bato

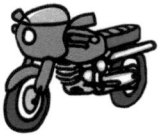

μοτοσικλέτα
motosiklet

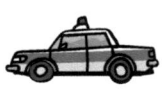

περιπολικό
loto lapolis

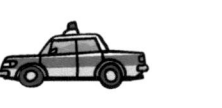

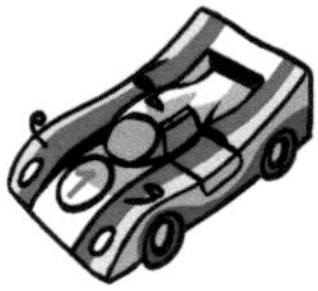
αγωνιστικό αυτοκίνητο
loto lekours

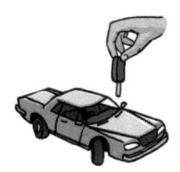

ενοικιαζόμενο αυτοκίνητο
loto lokasion

διαμοιρασμός αυτοκινήτων

ko-vwatiraz

γερανός

kamion towing

απορριμματοφόρο

kamion salte

κινητήρας

moter

καύσιμο

lesans

βενζινάδικο

filing

πινακίδα σήμανσης

pano indikasion

κυκλοφορία

trafik

κυκλοφοριακή συμφόρηση

anbouteyaz

χώρος στάθμευσης

parking

σιδηροδρομικός σταθμός

stasion trin

σιδηροδρομικές γραμμές

ray

τρένο

trin

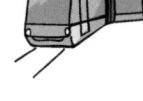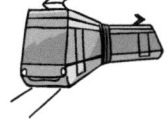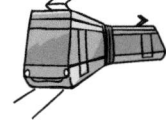

τραμ

tram

βαγόνι

vagon

ελικόπτερο

elikopter

αεροδρόμιο

aeropor

πύργος

towing

επιβάτης

pasaze

εμπορευματοκιβώτιο

kontener

χαρτοκιβώτιο

karton

καρότσι

sario

καλάθι

panie

απογειώνομαι /
προσγειόνομαι

dekole / aterir

πόλη
lavil

χωριό

vilaz

κέντρο της πόλης

sant-vil

σπίτι

lakaz

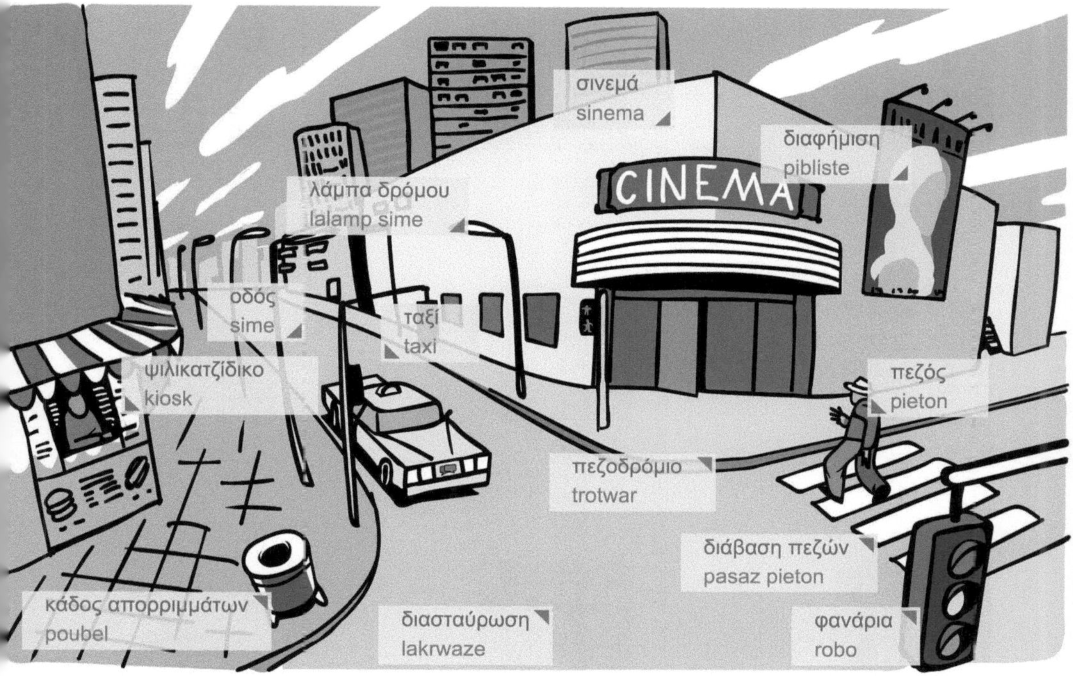

σινεμά
sinema
διαφήμιση
pibliste
CINEMA
λάμπα δρόμου
lalamp sime
οδός
sime
ταξί
taxi
ψιλικατζίδικο
kiosk
πεζός
pieton
πεζοδρόμιο
trotwar
διάβαση πεζών
pasaz pieton
κάδος απορριμμάτων
poubel
διασταύρωση
lakrwaze
φανάρια
robo

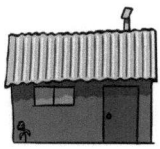

καλύβα

kabann

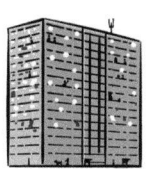

διαμέρισμα

flat

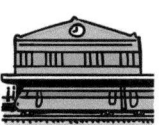

σιδηροδρομικός σταθμός

stasion trin

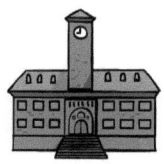

δημαρχείο

minisipalite

MUSEUM

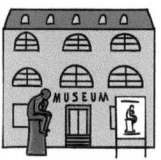

μουσείο

mize

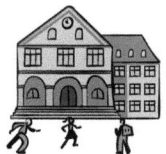

σχολείο

lekol

πανεπιστήμιο

liniversite

τράπεζα

labank

νοσοκομείο

lopital

ξενοδοχείο

lotel

φαρμακείο

farmasi

γραφείο

biro

βιβλιοπωλείο

libreri

κατάστημα

magazin

ανθοπωλείο

fleris

σούπερ μάρκετ

sipermarse

αγορά

bazar

πολυκατάστημα

gran magazin

ιχθυοπωλείο

pwasonnri

εμπορικό κέντρο

sant komersial

λιμάνι

lepor

πάρκο

park

παγκάκι

labank

γέφυρα

pon

σκάλες

leskalie

μετρό

metro

τούνελ

tinel

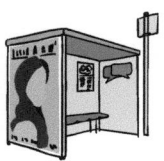

στάση λεωφορείου

bistop

μπαρ

bar

εστιατόριο

restoran

γραμματοκιβώτιο

bwat-a-let

πινακίδα δρόμου

pano

παρκόμετρο

parkmet

ζωολογικός κήπος

zoo

πισίνα

pisinn

τζαμί

moske

αγρόκτημα

laferm

ρύπανση

polision

νεκροταφείο

simitier

εκκλησία

legliz

παιδική χαρά

lespas pou zwe

ναός

tanp

τοπίο
peizaz

φύλλο
fey

πινακίδα κατεύθυνσης
pano indikasion

δρόμος
sime

λιβάδι
preri

πέτρα
ros

πεζοπόρος
randonner

δέντρο
pie

ποτάμι
larivier

χορτάρι
lerb

λουλούδι
fler

κοιλάδα
lavale

λόφος
kolinn

λίμνη
lak

δάσος
bwa

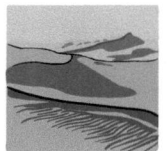

έρημος
dezer

ηφαίστειο
volkan

κάστρο
sato

ουράνιο τόξο
larkansiel

μανιτάρι
sanpinion

φοίνικας
palmie

κουνούπι
moutik

μύγα
mous

μυρμήγκι
fourmi

μέλισσα
abey

αράχνη
zarenie

σκαθάρι

koksinel

βάτραχος

grenouy

σκίουρος

ekirey

σκαντζόχοιρος

erison

λαγός

lapin

κουκουβάγια

ibou

πουλί

zwazo

κύκνος

sign

αγριογούρουνο

sangliye

ελάφι

serf

άλκη

elan

φράγμα

dam

ανεμογεννήτρια

eolienn

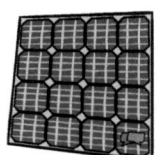

ηλιακός συλλέκτης

pano soler

κλίμα

klima

εστιατόριο
restoran

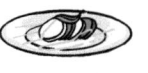

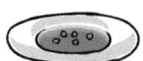

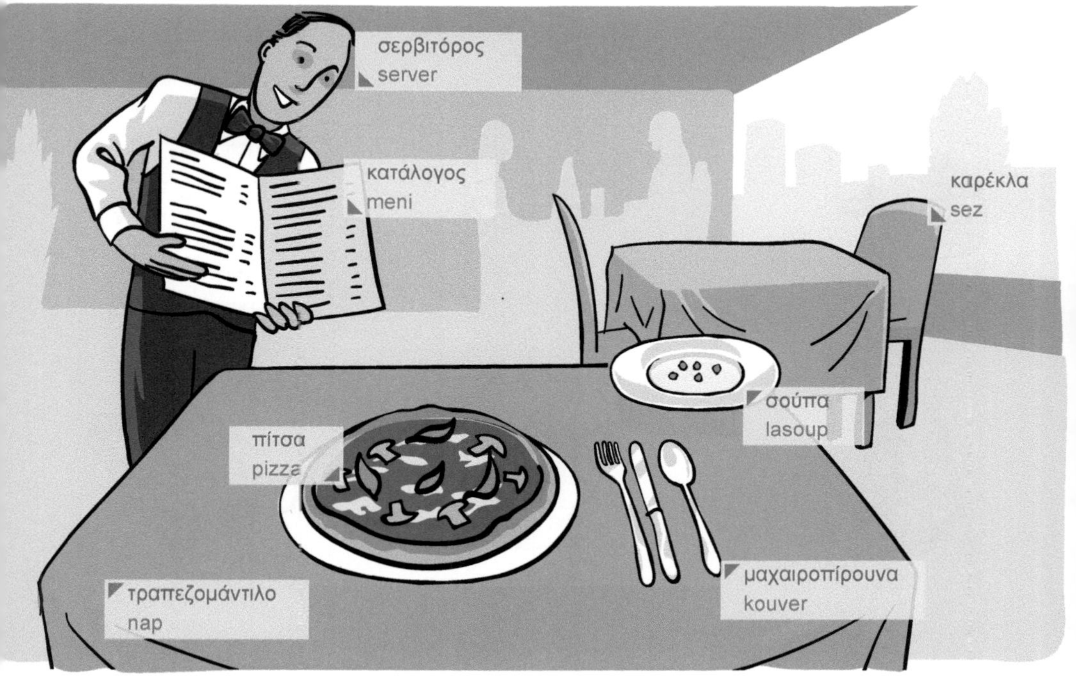
σερβιτόρος
server
κατάλογος
meni
καρέκλα
sez
σούπα
lasoup
πίτσα
pizza
τραπεζομάντιλο
nap
μαχαιροπίρουνα
kouver

ορεκτικό
lantre

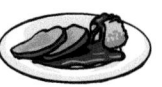

κύριο πιάτο
pla prinsipal

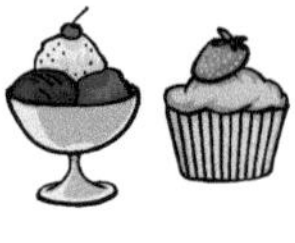

επιδόρπιο
deser

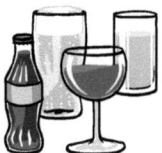

ποτά
labwason

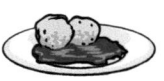

φαγητό
manze

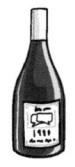

μπουκάλι
boutey

φαστ φουντ

fast food

φαγητό στ' όρθιο

take-away

τσαγιέρα

teyer

δοχείο ζάχαρης

po disik

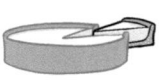

μερίδα

porsion

μηχανή εσπρέσο

masinn expresso

ψηλή καρέκλα

sez-ot

λογαριασμός

bill

δίσκος

plato

μαχαίρι

kouto

πιρούνι

fourset

κουτάλι

kwiyer

κουταλάκι του τσαγιού

ti-kwiyer

πετσέτα φαγητού

serviet

ποτήρι

ver

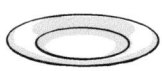

πιάτο

lasiet

πιάτο σούπας

lasiet

πιατάκι φλιτζανιού

soukoup

σάλτσα

lasos

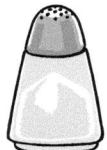

αλατιέρα

po disel

μύλος για πιπέρι

moulin dipwav

ξύδι

vineg

λάδι

delwil

μπαχαρικά

zepis

κέτσαπ

ketchup

μουστάρδα

lamoutard

μαγιονέζα

mayonez

σούπερ μάρκετ
sipermarse

προσφορά
promosion
FOR
πελάτης
klian
γαλακτοκομικά προϊόντα
prodwi a baz dile
φρούτα
frwi
καρότσι για ψώνια
trole

BUTCHERS

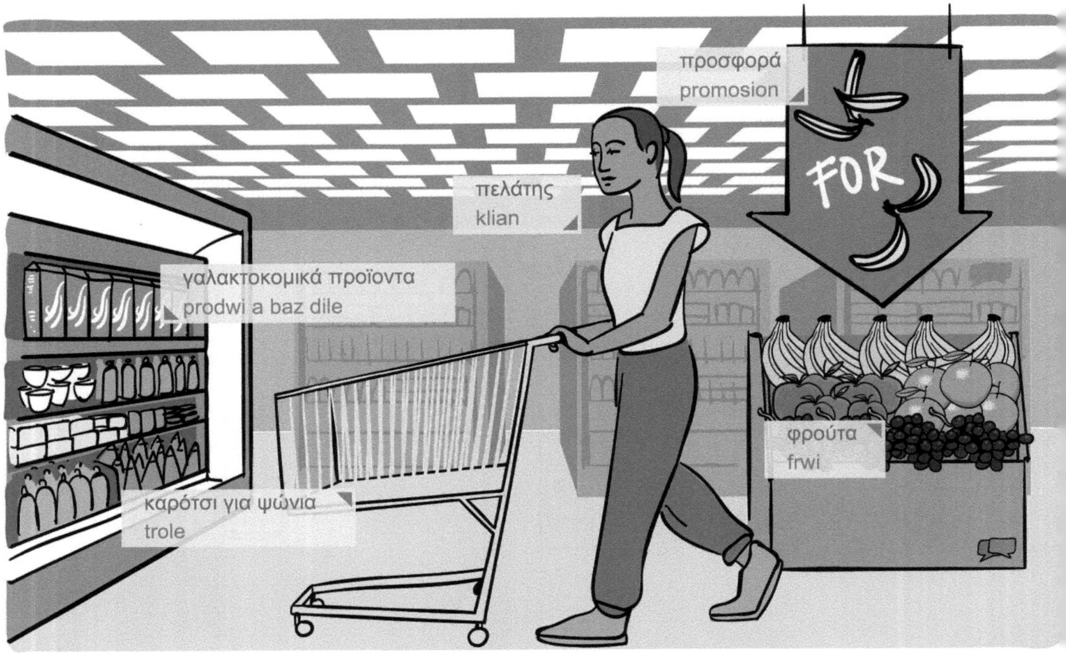

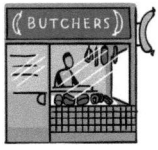

κρεοπωλείο

bousri

BAKERY

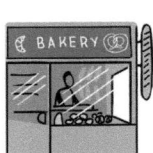

φούρνος

boulanzri

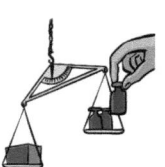

ζυγίζω

peze

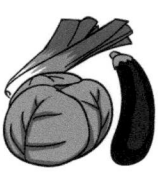

λαχανικά

legim

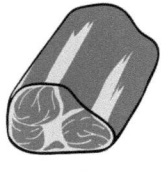

κρέας

laviann

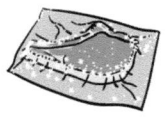

κατεψυγμένα τρόφιμα

aliman konzele

αλλαντικά

sarkitri

κονσερβοποιημένη τροφή

bwat konserv

απορρυπαντικό ρούχων

lapoud masinn

γλυκά

bonbon

οικιακά είδη

komision

καθαριστικά προϊόντα

deterzan

πωλήτρια

vandez

ταμείο

lakes

ταμίας

kesie

λίστα για ψώνια

lalis komision

ωράριο λειτουργίας

ouvertir

πορτοφόλι

portfey

πιστωτική κάρτα

kart kredi

τσάντα

sak

πλαστική σακούλα

sak plastik

ποτά

labwason

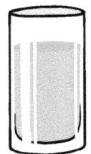

νερό
delo

χυμός
zi

γάλα
dile

κόκα κόλα
coca

κρασί
divin

μπίρα
labier

αλκοόλ
lalkol

κακάο
sokola so

τσάι
dite

καφές
kafe

εσπρέσο
expresso

καπουτσίνο
cappuccino

μπανάνα

banann

μήλο

pom

πορτοκάλι

zoranz

πεπόνι

melon

λεμόνι

sitron

καρότο

karot

σκόρδο

lay

μπαμπού

banbou

κρεμμύδι

zwayon

μανιτάρι

sanpiyon

ξηροί καρποί

nwazet

νουντλς

minn

μακαρόνια

spageti

ρύζι

diri

σαλάτα

salad

πατατάκια

chips

τηγανητές πατάτες

pomdeter frir

πίτσα

pizza

χάμπουργκερ

burger

σάντουιτς

sandwich

κοτολέτα

eskalop

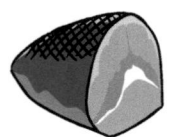

ζαμπόν

zanbon

σαλάμι

salami

λουκάνικο

sosis

κοτόπουλο

poul

ψητό

roti

ψάρι

pwason

χυλός βρώμης

oatmeal

μούσλι

muesli

κορν φλέικς

kornbif

αλεύρι

lafarinn

κρουασάν

krwasan

ψωμάκι

ti-dipin

ψωμί

dipin

τοστ

dipin griye

μπισκότα

biskwi

βούτυρο

diber

τυρόπηγμα

fromaz blan

κέικ

gato

αυγό

dizef

τηγανητό αυγό

dizef frir

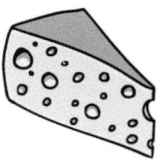

τυρί

fromaz

παγωτό

sorbe

ζάχαρη

disik

μέλι

dimiel

μαρμελάδα

konfitir

άλλειμμα σοκολάτας

nouga

κάρυ

kari

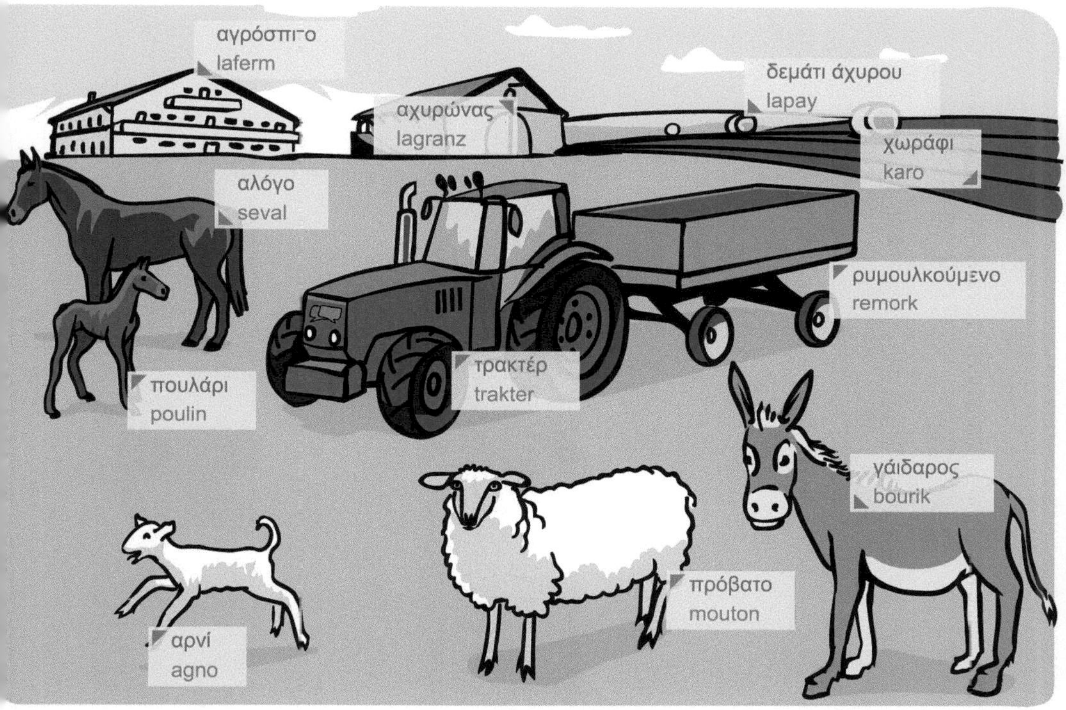

αγρόσπιτο
laferm

δεμάτι άχυρου
lapay

αχυρώνας
lagranz

χωράφι
karo

αλόγο
seval

ρυμουλκούμενο
remork

πουλάρι
poulin

τρακτέρ
trakter

γάιδαρος
bourik

πρόβατο
mouton

αρνί
agno

κατσίκα
kabri

αγελάδα
vas

μοσχαράκι
vo

γουρούνι
koson

γουρουνάκι
ti-koson

ταύρος
toro

χήνα

lezwa

πάπια

kanar

κοτοπουλάκι

pousin

κότα

poul

κόκορας

kok

αρουραίος

lera

γάτα

sat

ποντίκι

souri

βόδι

bef

σκύλος

lisien

σπιτάκι σκύλου

lakaz lisien

λάστιχο κήπου

tiyo

ποτιστήρι

arozwar

θεριστήρι

laserp

αλέτρι

saret

δρεπάνι

fosi

τσάπα

pios

δίκρανο

fours

τσεκούρι

lars

χειράμαξα

bouret

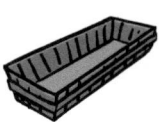

ταΐστρα

kiv

δοχείο γάλακτος

bwat dile

σάκος

sak

φράχτης

fencing

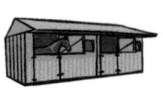

στάβλος

letab

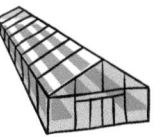

θερμοκήπιο

laser

έδαφος

later

σπόρος

lagrin

λίπασμα

langre

θεριζοαλωνιστική μηχανή

masinn pou fer rekolt

θερίζω

rekolte

συγκομιδή

rekolt

γιαμς

ignam

σιτάρι

dible

σόγια

soya

πατάτα

pomdeter

καλαμπόκι

may

κράμβη

colza

οπωροφόρο δέντρο

zarb frwitie

μανιόκα

maniok

δημητριακά

sereal

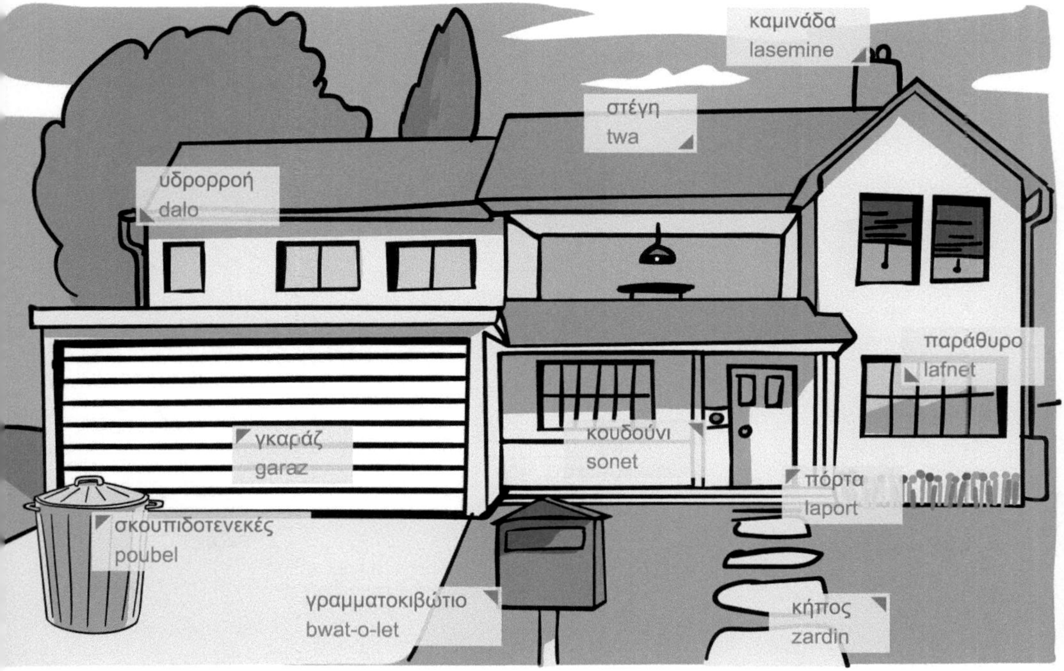

καμινάδα
lasemine

στέγη
twa

υδρορροή
dalo

παράθυρο
lafnet

γκαράζ
garaz

κουδούνι
sonet

πόρτα
laport

σκουπιδοτενεκές
poubel

γραμματοκιβώτιο
bwat-o-let

κήπος
zardin

σαλόνι
....
salon

μπάνιο
....
saldebin

κουζίνα
....
lakwizinn

υπνοδωμάτιο
....
lasam

παιδικό δωμάτιο
....
lasam zanfan

τραπεζαρία
....
salamanze

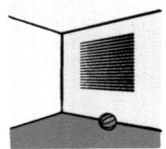

πάτωμα
sali

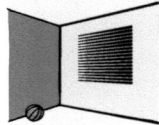

τοίχος
miray

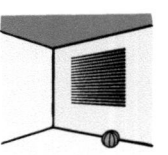

οροφή
plafon

κελάρι
lakav

σάουνα
sona

μπαλκόνι
balkon

βεράντα
teras

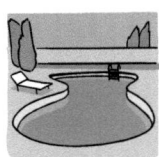

πισίνα
pisinn

μηχανή του γκαζόν
masinn koup gazon

σεντόνι
dra

κάλυμμα κρεβατιού
kwet

κρεβάτι
lili

σκούπα
balie

κουβάς
seo

διακόπτης
take lalimier

σαλόνι
salon

ταπετσαρία
papie-pin
φωτογραφία
foto
λάμπα
lalamp
ράφι
letazer
ντουλάπι
larmwar
τηλεόραση
televizion
τζάκι
lasemine
λουλούδι
fler
μαξιλάρι
kousin
καναπές
sofa
βάζο
vaz
τηλεκοντρόλ
rimot-kontrol

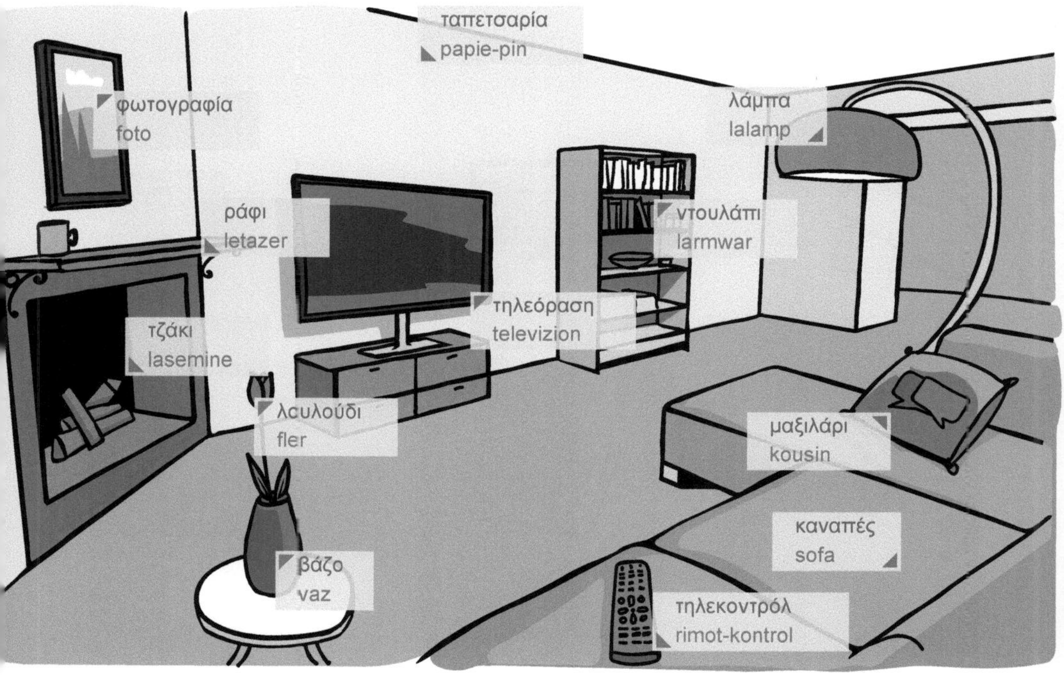

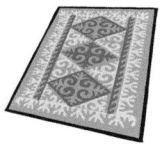

χαλί
tapi

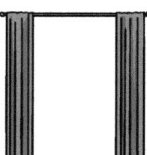

κουρτίνα
rido

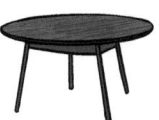

τραπέζι
latab

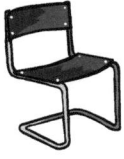

καρέκλα
sez

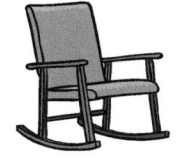

κουνιστή πολυθρόνα
rocking chair

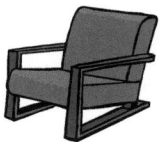

πολυθρόνα
fotey

βιβλίο

liv

κουβέρτα

kouvertir

διακόσμηση

dekorasion

καυσόξυλα

dibwa foye

ταινία

fim

στερεοφωνικό σύστημα

hi-fi

κλειδί

lakle

εφημερίδα

zournal

πίνακας ζωγραφικής

lapintir

αφίσα

poster

ραδιόφωνο

radio

σημειωματάριο

bloknot

ηλεκτρική σκούπα

laspirater

κάκτος

kaktis

κερί

labouzi

κουζίνα
lakwizinn

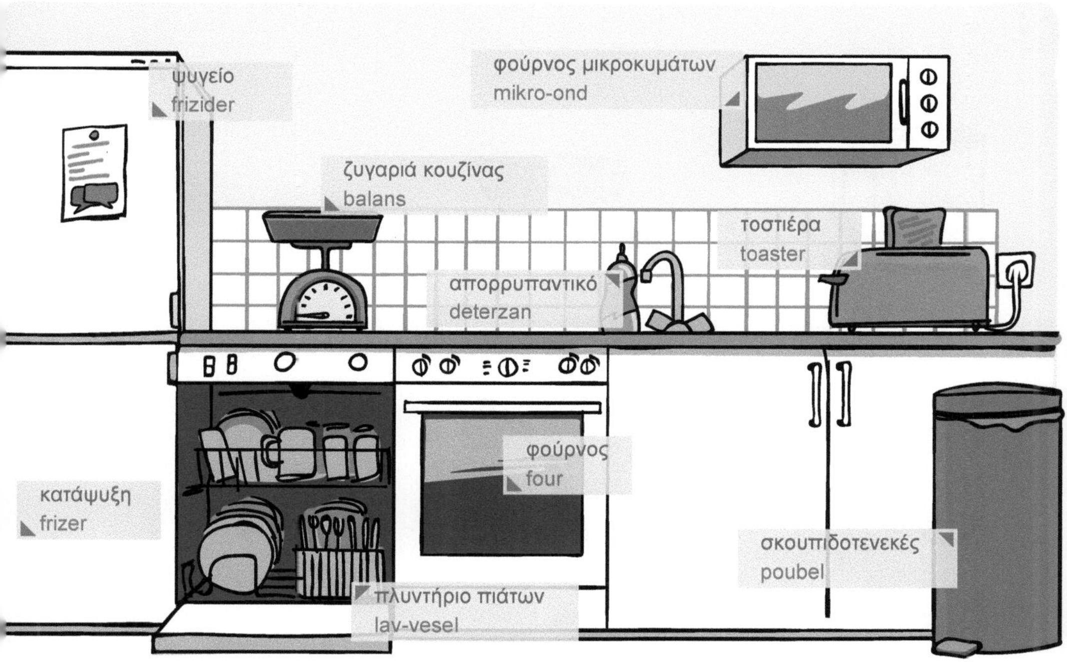

ψυγείο
frizider
φούρνος μικροκυμάτων
mikro-ond
ζυγαριά κουζίνας
balans
τοστιέρα
toaster
απορρυπαντικό
deterzan
φούρνος
four
κατάψυξη
frizer
σκουπιδοτενεκές
poubel
πλυντήριο πιάτων
lav-vesel

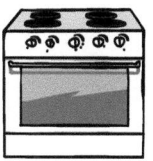

κουζίνα

four

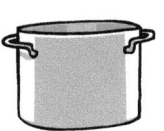

κατσαρόλα

kasrol

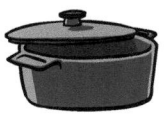

μαντεμένια κατσαρόλα

marmit

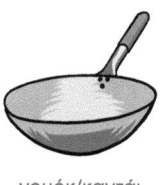

γουόκ/καντάι

wok

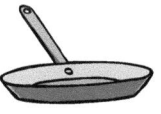

τηγάνι

pwal

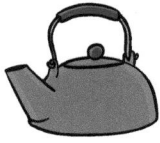

βραστήρας

boulwar

ατμομάγειρας
steamer

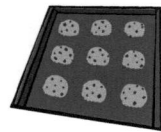

ταψί
plak kwison

πιατικά
vesel

κούπα
goble

μπολ
bol

ξυλάκια
baget sinwa

κουτάλα
lous

σπάτουλα
spatil

ανακατεύω
fwet

σουρωτήρι
paswar

σουρωτηράκι
tami

τρίφτης
larap

γουδί
mortie

ψησταριά
griyad

ανοιχτή φωτιά
lasemine

σανίδα κοπής

biyo

πλάστης

roulo

ανοιχτήρι φελλών

tirbouson

κονσέρβα

bwat konserv

ανοιχτήρι κονσέρβας

ouvbwat

γάντι φούρνου

legan proteksion

νεροχύτης

lavabo

βούρτσα

bros

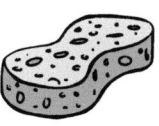

σφουγγάρι

leponz

μπλέντερ

blender

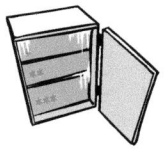

καταψύκτης

konzelater

μπιμπερό

bibron

βρύση

robine

μπάνιο
saldebin

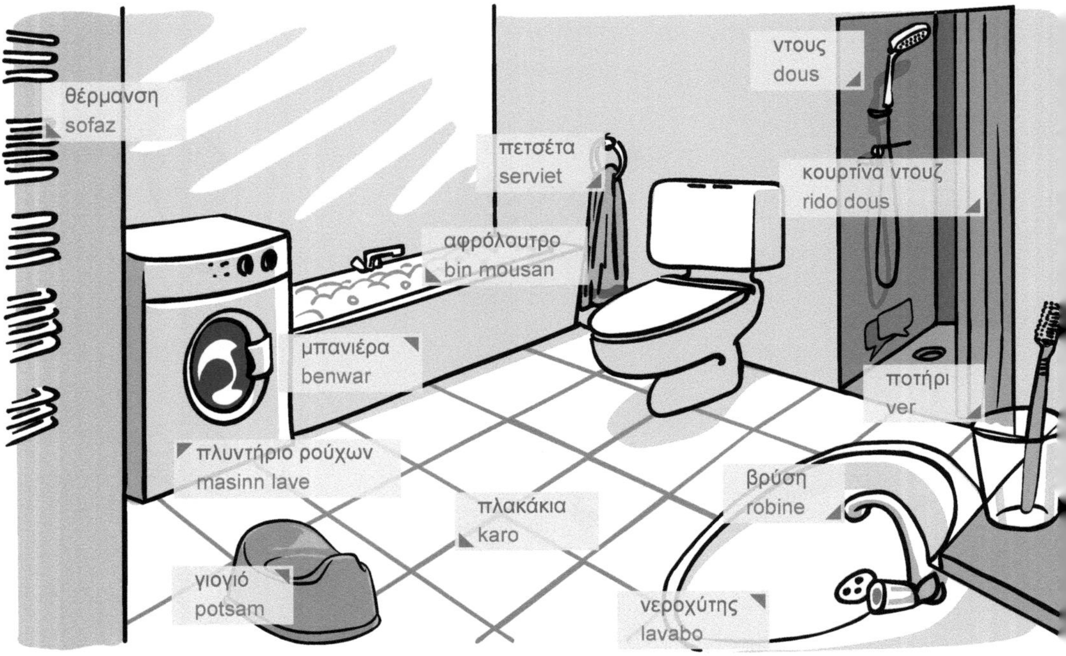

θέρμανση
sofaz

ντους
dous

πετσέτα
serviet

κουρτίνα ντουζ
rido dous

αφρόλουτρο
bin mousan

μπανιέρα
benwar

ποτήρι
ver

πλυντήριο ρούχων
masinn lave

πλακάκια
karo

βρύση
robine

γιογιό
potsam

νεροχύτης
lavabo

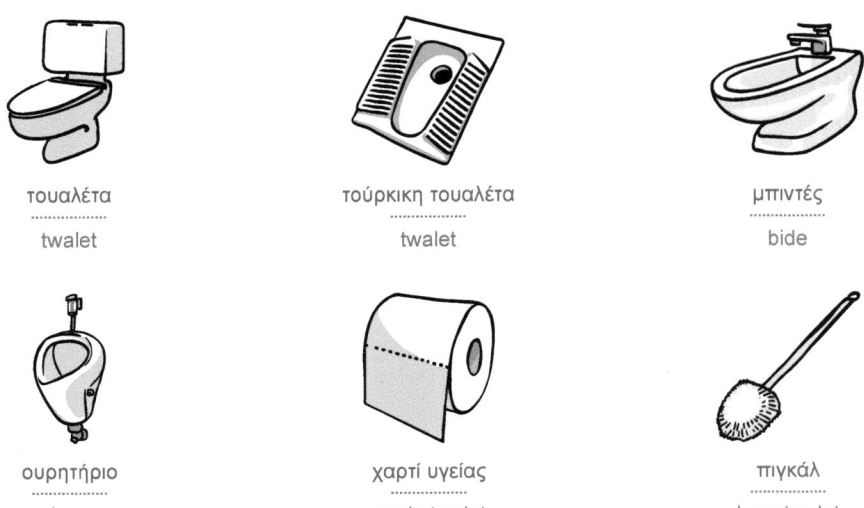

τουαλέτα	τούρκικη τουαλέτα	μπιντές
twalet	twalet	bide
ουρητήριο	χαρτί υγείας	πιγκάλ
piswar	papie twalet	bros twalet

οδοντόβουρτσα

bros ledan

οδοντόκρεμα

dantifris

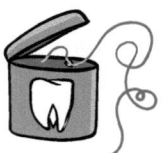

οδοντικό νήμα

fil danter

πλένω

lave

τηλέφωνο ντους

ti-bin

ντουσιέρα

dous

λεκάνη

basin

βούρτσα πλάτης

bros ledo

σαπούνι

savon

αφρόλουτρο

zel dous

σαμπουάν

sanpwin

φανέλα

gandebin

σιφόνι

drin

κρέμα

lakrem

αποσμητικό

deodoran

καθρέφτης
mirwar

καθρέφτης χειρός
mirwar

ξυραφάκι
razwar

αφρός ξυρίσματος
lamous pou raze

αφτερσέιβ
apre-razaz

χτένα
pengn

βούρτσα
bros

σεσουάρ
seswar

λακ
lak

μακιγιάζ
makiyaz

κραγιόν
dirouz

βερνίκι νυχιών
verni

βαμβάκι
cotton wool

ψαλίδι νυχιών
tay-zong

άρωμα
parfin

νεσεσέρ

trous twalet

σκαμπό

stoul

ζυγαριά

balans

μπουρνούζι

penwar

ελαστικά γάντια

legan netwayaz

ταμπόν

tanpon

πετσέτα υγιεινής

serviet izienik

χημική τουαλέτα

twalet simik

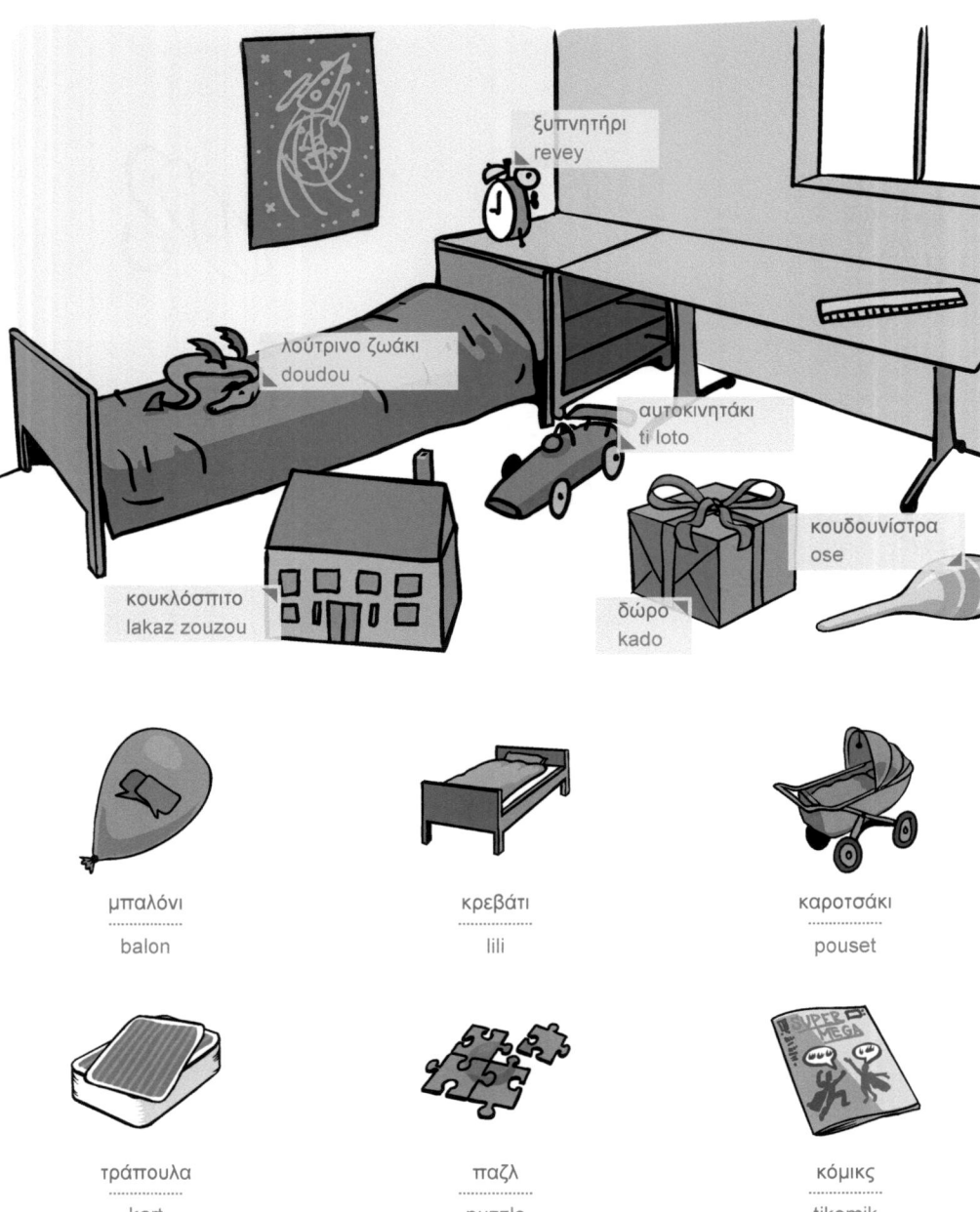

ξυπνητήρι
revey

λούτρινο ζωάκι
doudou

αυτοκινητάκι
ti loto

κουδουνίστρα
ose

κουκλόσπιτο
lakaz zouzou

δώρο
kado

μπαλόνι
balon

κρεβάτι
lili

καροτσάκι
pouset

τράπουλα
kart

παζλ
puzzle

κόμικς
tikomik

τουβλάκια lego

lego

τουβλάκια κατασκευών

lego

φιγούρα δράσης

figirinn

βρεφικό φορμάκι

grenouyer

φρίσμπι

frisbee

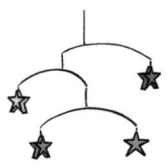

μόμπιλο

mobil

επιτραπέζιο παιχνίδι

zwe

ζάρια

lede

σετ τρενάκι

trin zouzou

πιπίλα

siset

πάρτι

fet

εικονογραφημένο βιβλίο

liv ek zimaz

μπάλα

boul

κούκλα

poupet

παίζω

zwe

σκάμμα με άμμο

bak-a-sab

κούνια

balanswar

παιχνίδια

zouzou

κονσόλα βιντεοπαιχνιδιών

game

τρίκυκλο

trisik

αρκουδάκι

nounours

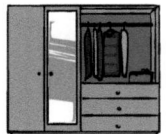

ντουλάπα

larmwar

ρούχα
linz

κάλτσες

soset

καλτσοδέτες

leba

καλσόν

kolan

44   ρούχα - linz

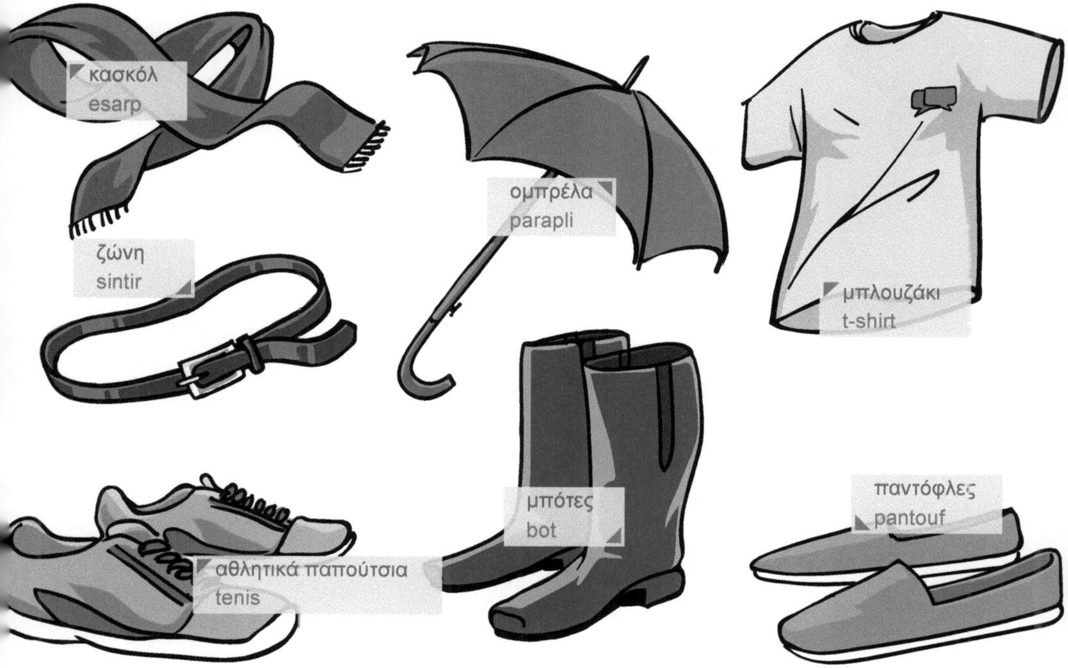

κασκόλ
esarp

ζώνη
sintir

ομπρέλα
parapli

μπλουζάκι
t-shirt

μπότες
bot

παντόφλες
pantouf

αθλητικά παπούτσια
tenis

σανδάλια
sandalet

παπούτσια
soulie

γαλότσες
bot an karotsou

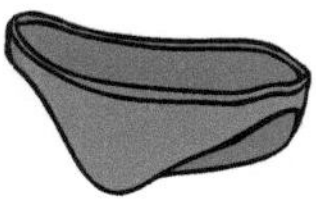

εσώρουχο
souvetman

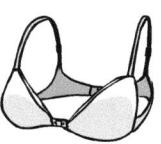

σουτιέν
soutiengorz

φανέλα
vest

σώμα

body

παντελόνι

pantalon

τζιν παντελόνι

jeans

φούστα

zip

μπλούζα

blouz

πουκάμισο

simiz

πουλόβερ

pull-over

πουλόβερ

blouzon ek kapison

σακάκι

vest

μπουφάν

jaket

παλτό

manto

αδιάβροχο πανωφόρι

pardesi

κοστούμι

kostim

φόρεμα

rob

νυφικό

rob lamarye

κοστούμι

kostim

νυχτικό

robdesam

πιτζάμες

pizama

σάρι

sari

μαντήλι

foular

τουρμπάνι

tirban

μπούρκα

bourka

καφτάνι

kaftan

μουσουλμανικό ένδυμς

abaya

ολόσωμο μαγιό

mayo de bin

ανδρικό μαγιό

mayo de bin

σορτς

sorti de sekour

αθλητική φόρμα

linz spor

ποδιά

tabliye

γάντια

legan

κουμπί

bouton

γυαλιά

linet

βραχιόλι

brasle

περιδέραιο

kolie

δαχτυλίδι

bag

σκουλαρίκι

zanon

καπέλο

bone

κρεμάστρα

sint

καπέλο

sapo

γραβάτα

kravat

φερμουάρ

fermetirekler

κράνος

elmet

τιράντες

bretel

μαθητική στολή

iniform lekol

στολή

iniform

σαλιάρα

bavwar

πιπίλα

siset

πάνα

lanz

γραφείο
biro

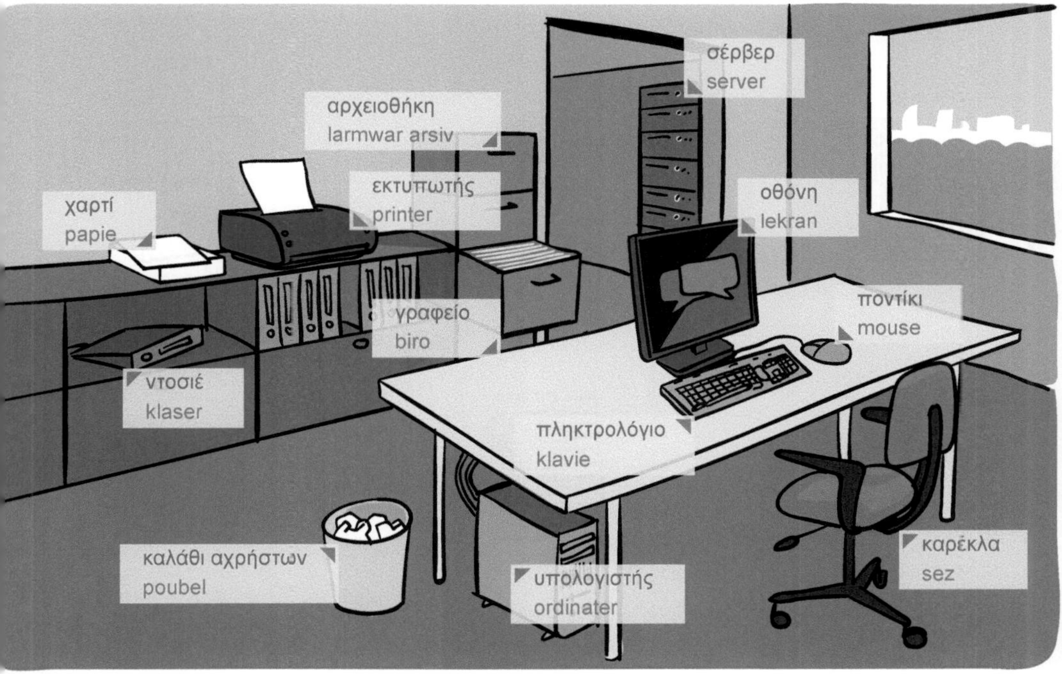

σέρβερ
server

αρχειοθήκη
larmwar arsiv

εκτυπωτής
printer

οθόνη
lekran

χαρτί
papie

γραφείο
biro

ποντίκι
mouse

ντοσιέ
klaser

πληκτρολόγιο
klavie

καλάθι αχρήστων
poubel

υπολογιστής
ordinater

καρέκλα
sez

κούπα του καφέ

mug

κομπιουτεράκι

kalkilatris

ίντερνετ

internet

λάπτοπ

laptop

γράμμα

let

μήνυμα

mesaz

κινητό

portab

δίκτυο

rezo

φωτοτυπικό μηχάνημα

fotokopi

λογισμικό

lozisiel

τηλέφωνο

telefonn

πρίζα

priz

συσκευή φαξ

fax

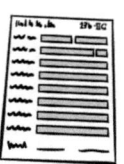

έντυπο

form

έγγραφο

dokiman

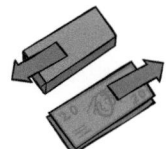

αγοράζω

aste

πληρώνω

peye

συναλλάσσομαι

fer biznes

χρήματα

larzan

δολάριο

dolar

ευρώ

euro

γιεν

yen

ρούβλι

rouble

ελβετικό φράγκο

fran swis

ρενμίνμπι γιουάν

renminbi yuan

ρουπία

roupi

ATM (αυτόματη ταμειακή μηχανή)

distribiter biye

ανταλλακτήρια
συναλλάγματος

biro sanz

χρυσός

lor

ασήμι

larzan

πετρέλαιο

petrol

ενέργεια

lenerzi

τιμή

pri

συμβόλαιο

kontra

φόρος

tax

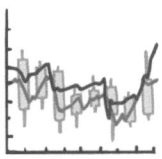

μετοχή

aksion

δουλεύω

travay

υπάλληλος

anplwaye

εργοδότης

anplwayer

εργοστάσιο

lizinn

κατάστημα

magazin

επαγγέλματα
travay

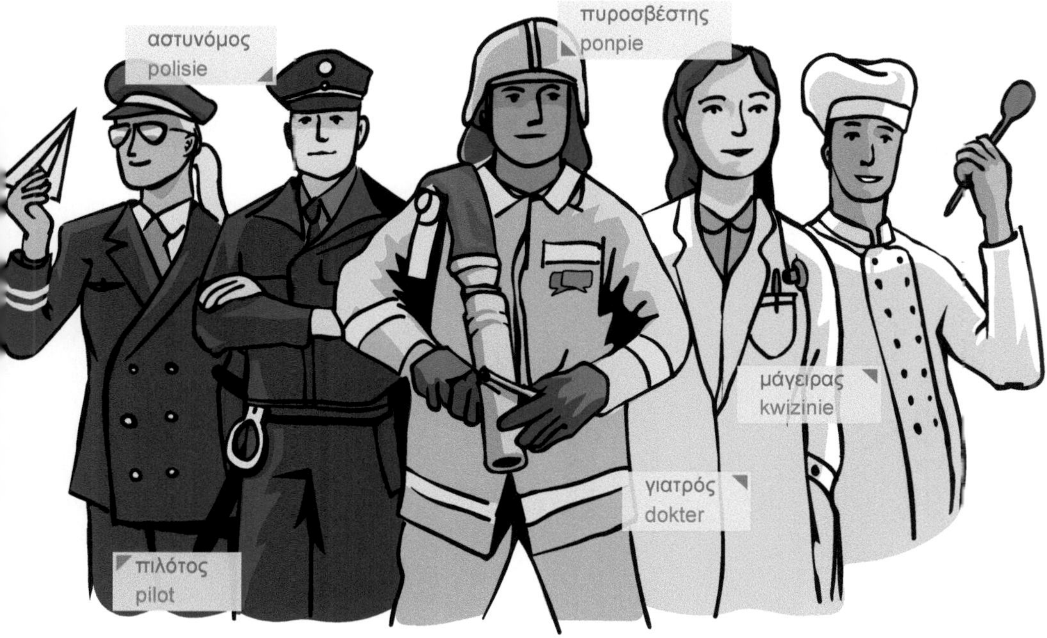

αστυνόμος
polisie
πυροσβέστης
ponpie
μάγειρας
kwizinie
γιατρός
dokter
πιλότος
pilot

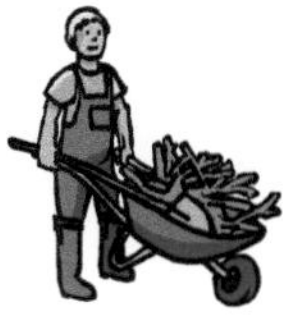

κηπουρός

zardinie

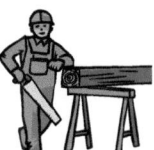

ξυλουργός

sarpantie

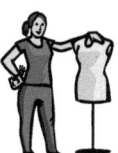

μοδίστρα

koutirier

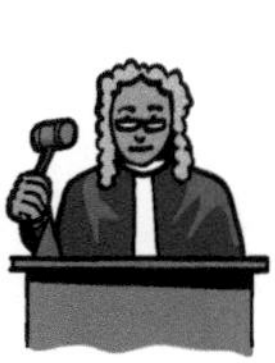

δικαστής

ziz

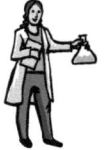

χημικός

simis

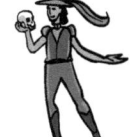

ηθοποιός

akter

οδηγός λεωφορείου

sofer bis

ταξιτζής

sofer taxi

ψαράς

peser

καθαρίστρια

bonn

τεχνίτης στεγών

zouvriye twa lakaz

σερβιτόρος

server

κυνηγός

saser

ζωγράφος

pint

αρτοποιός

boulanze

ηλεκτρολόγος

elektrisien

οικοδόμος

zouvriye

μηχανολόγος

inzenier

κρεοπώλης

bouse

υδραυλικός

plonbie

ταχυδρόμος

fakter

στρατιώτης

solda

αρχιτέκτονας

arsitek

ταμίας

kesie

ανθοπώλης

fleris

κομμωτής

kwafez

ελεγκτής εισιτηρίων

chek

μηχανικός

mekanisien

καπετάνιος

kapitenn

οδοντίατρος

dantis

επιστήμονας

siantis

ραβίνος

rabi

ιμάμης

imam

μοναχός

mwann

ιερέας

pret

εργαλεία
zouti

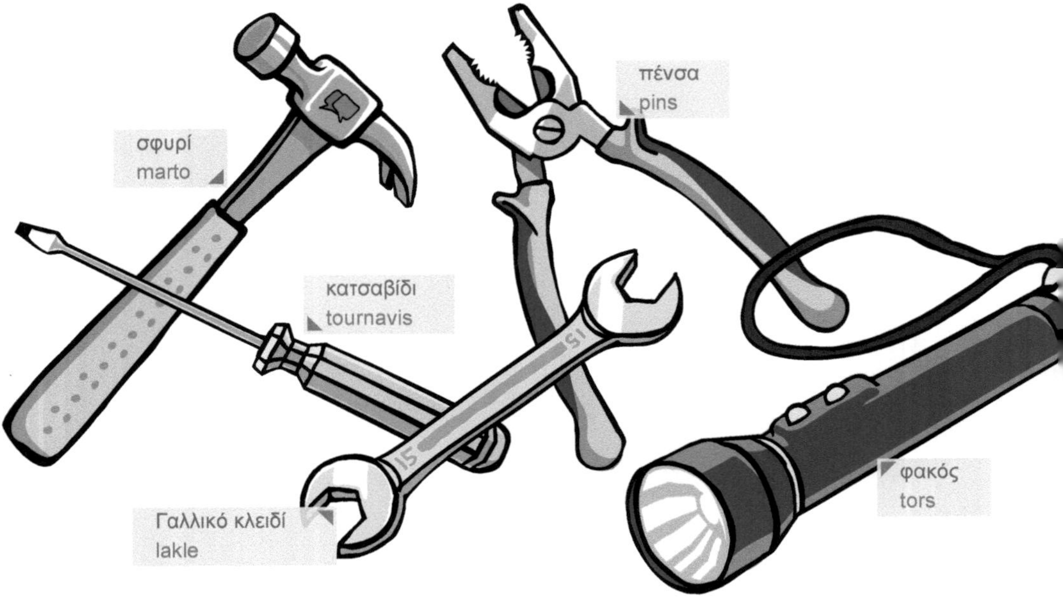
σφυρί
marto
πένσα
pins
κατσαβίδι
tournavis
15
Γαλλικό κλειδί
lakle
φακός
tors

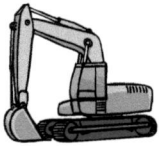

εκσκαφέας

peltez

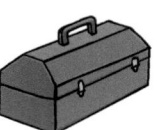

εργαλειοθήκη

bwat zouti

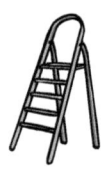

σκάλα

lesel

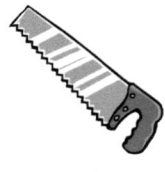

πριόνι

lasi

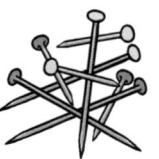

καρφιά

koulou

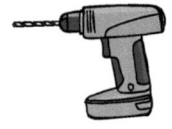

τρυπάνι

persez

επισκευάζω

aranze

φτυάρι

lapel

Να πάρει!

Ayo!

φαράσι

lapel

δοχείο χρωμάτων

po lapintir

βίδες

vis

μουσικά όργανα
instriman lamizik

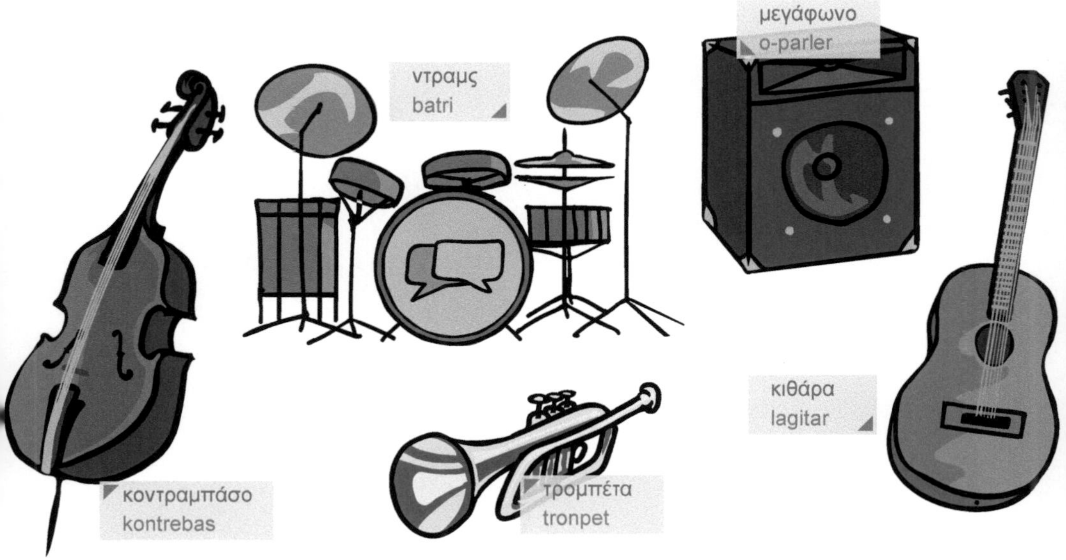

ντραμς
batri

μεγάφωνο
o-parler

κιθάρα
lagitar

κοντραμπάσο
kontrebas

τρομπέτα
tronpet

πιάνο
piano

βιολί
violon

μπάσο
bas

τύμπανα
tinbal

τύμπανο
tanbour

πλήκτρα
klavie

σαξόφωνο
saxofonn

φλάουτο
laflit

μικρόφωνο
mikro

ζωολογικός κήπος

zoo

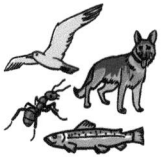

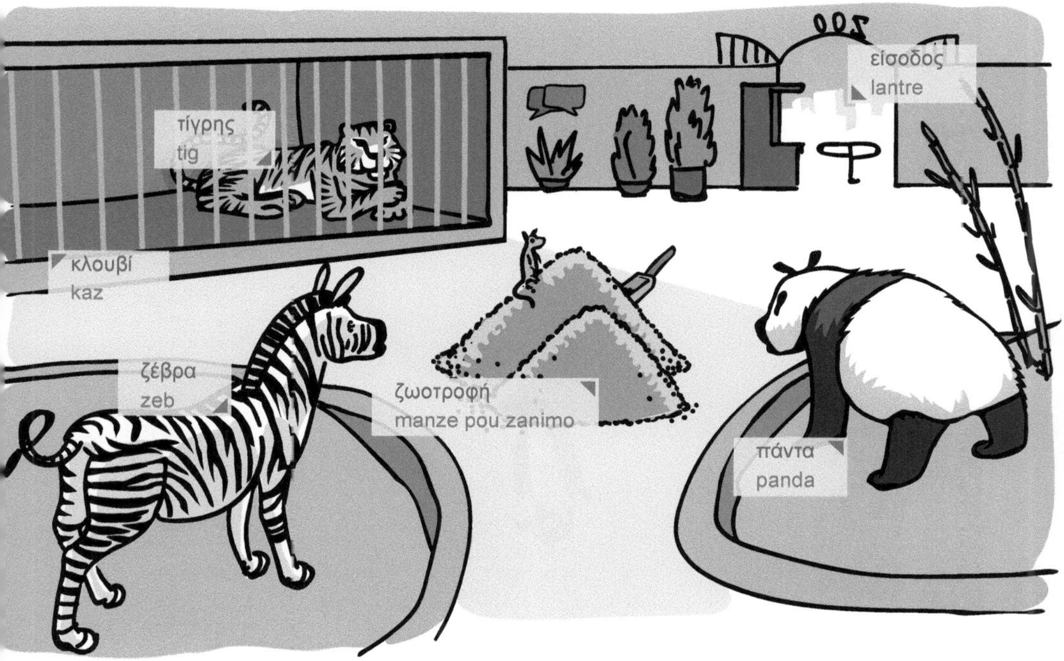
zoo
είσοδος
lantre
τίγρης
tig
κλουβί
kaz
ζέβρα
zeb
ζωοτροφή
manze pou zanimo
πάντα
panda

ζώα

zanimo

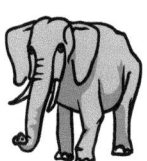

ελέφαντας

lelefan

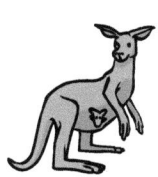

καγκουρό

kangourou

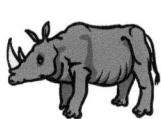

ρινόκερος

rinoceros

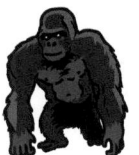

γορίλας

gori

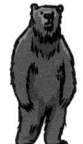

αρκούδα

lours

καμήλα

samo

στρουθοκάμηλος

lotris

λιοντάρι

lion

πίθηκος

zako

φλαμίνγκο

flaman roz

παπαγάλος

peroke

πολική αρκούδα

lours poler

πιγκουίνος

pingwi

καρχαρίας

rekin

παγώνι

pan

φίδι

serpan

κροκόδειλος

krokodil

φύλακας ζωολογικού κήπου

gardien zoo

φώκια

fok

τζάγκουαρ

zagwar

πόνυ

poney

λεοπάρδαλη

leopar

ιπποπόταμος

ipopotam

καμηλοπάρδαλη

ziraf

αετός

leg

αγριογούρουνο

sangliye

ψάρι

pwason

χελώνα

torti

θαλάσσιος ίππος

mors

αλεπού

renar

γαζέλα

gazel

Αμερικάνικο ποδόσφαιρο
foutborl ameriken

ποδηλασία
siklism

αντισφαίριση
tenis

μπάσκετ
basketball

κολύμβηση
natasion

πυγχαμία
labox

χόκεϋ επί πάγου
oke lor gazon

ποδόσφαιρο
foutborl

μπάντμιντον
badminton

στίβος
atletism

χάντμπολ
handball

σκι
ski

πόλο
polo

γελάω
riye

πηδάω
sote

αγκαλιάζω
maye

περπατάω
marse

τραγουδάω
sante

ονειρεύομαι
reve

προσεύχομαι
priye

φιλάω
anbrase

γράφω
ekrir

σχεδιάζω
desine

δείχνω
montre

πιέζω
pouse

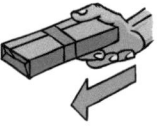

δίνω
done

παίρνω
pran

έχω

ena

κάνω

fer

είμαι

ete

στέκομαι

diboute

τρέχω

galoupe

τραβάω

rise

ρίχνω

zete

πέφτω

tonbe

ξαπλώνω

alonze

περιμένω

atann

κουβαλώ

amene

κάθομαι

asize

φοράω

abiye

κοιμάμαι

dormi

ξυπνάω

leve

κοιτάω

gete

κλαίω

plore

χαϊδεύω

karese

χτενίζω

pengne

μιλάω

koze

καταλαβαίνω

konpran

ρωτάω

dimande

ακούω

ekoute

πίνω

bwar

τρώω

manze

συγυρίζω

netwaye

αγαπάω

kontan

μαγειρεύω

kwi

οδηγώ

kondir

πετάω

anvole

κάνω ιστιοπλοΐα

fer lavwal

υπολογίζω

kalkile

διαβάζω

lir

μαθαίνω

aprann

δουλεύω

travay

παντρεύομαι

marye

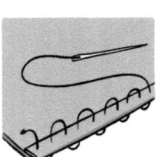

ράβω

koud

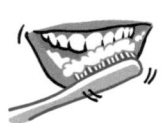

βουρτσίζω τα δόντια

bros ledan

σκοτώνω

touye

καπνίζω

fime

στέλνω

avoye

γιαγιά
granmer

παππούς
granper

πατέρας
papa

μητέρα
mama

μωρό
ti-baba

κόρη
tifi

γιος
garson

καλεσμένος

ot

θεία

matant

θείος

tonton

αδελφός

frer

αδελφή

ser

σώμα

lekor

μέτωπο
fron
μάτι
lizie
ώμος
zepol
δάχτυλο
ledwa
πρόσωπο
figir
πιγούνι
manton
χέρι
lame
πόδι
lazam
στήθος
tete
βραχίονας
lebra

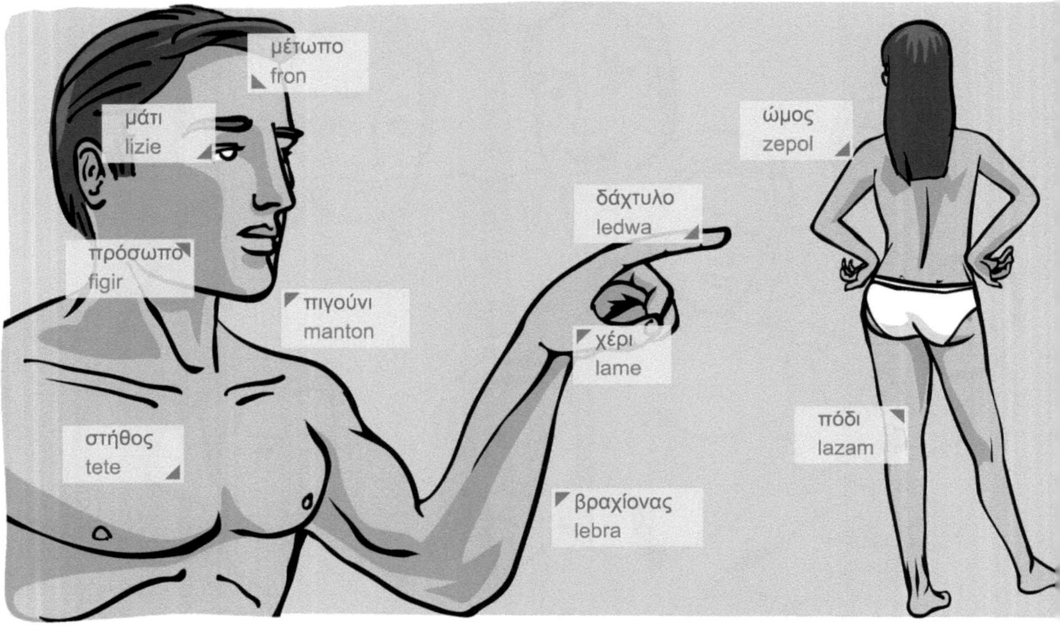

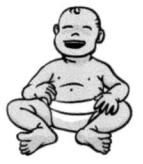

μωρό

ti-baba

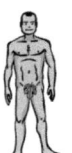

άνδρας

zom

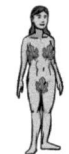

γυναίκα

fam

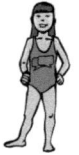

κορίτσι

tifi

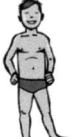

αγόρι

ti-garson

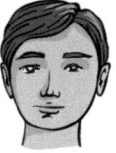

κεφάλι

latet

πλάτη

ledo

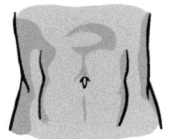

κοιλιά

vant

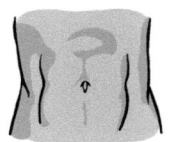

αφαλός

lonbri

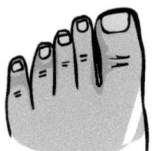

δάχτυλο ποδιού

zortey

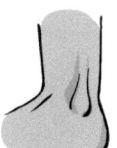

φτέρνα

talon

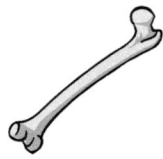

κόκκαλο

lezo

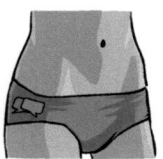

γοφός

laans

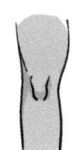

γόνατο

zenou

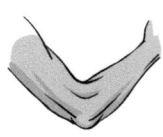

αγκώνας

koud

μύτη

nene

γλουτός

fes

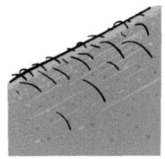

δέρμα

lapo

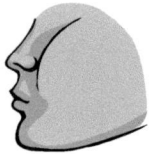

μάγουλο

lazou

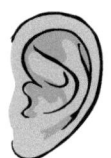

αυτί

zorey

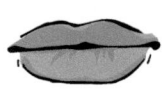

χείλος

lalev

στόμα

labous

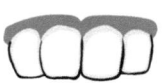

δόντι

ledan

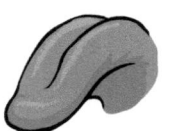

γλώσσα

lalang

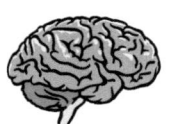

εγκέφαλος

servo

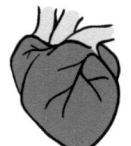

καρδιά

leker

μυς

mix

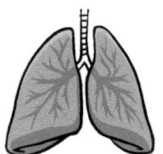

πνεύμονας

poumon

συκώτι

lefwa

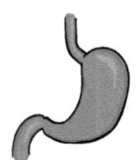

στομάχι

lestoma

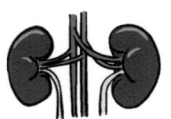

νεφρά

lerin

σεξουαλική επαφή

sex

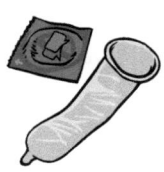

προφυλακτικό

kapot

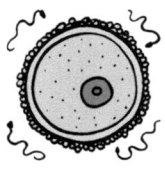

ωάριο

ovil

σπέρμα

sperm

εγκυμοσύνη

groses

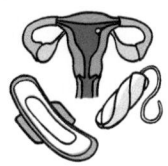

περίοδος

period

γυναικείος κόλπος

vazin

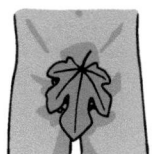

πέος

penis

φρύδι

soursi

μαλλιά

seve

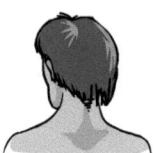

λαιμός

likou

νοσοκομείο
lopital

νοσοκομείο
lopital
ασθενοφόρο
lanbilans
αναπηρικό καροτσάκι
fotey-roulan
κάταγμα
fraktir

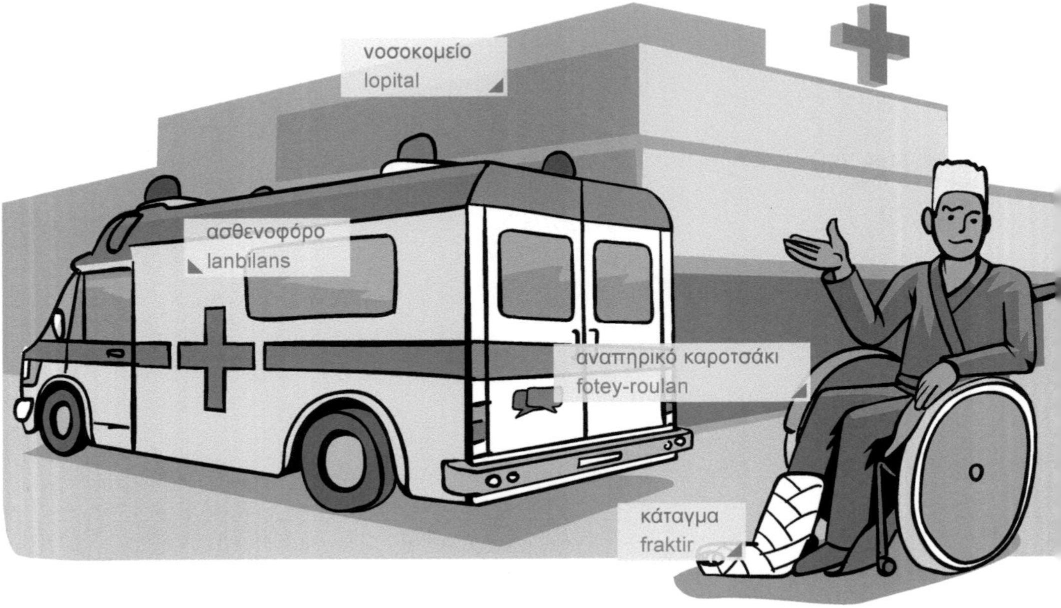

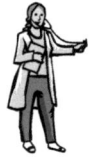

γιατρός
dokter

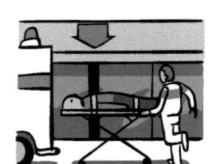

μονάδα εντατικής θεραπείας
servis irzans

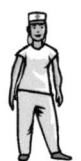

νοσοκόμα
ners

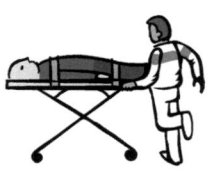

έκτακτη ανάγκη
irzans

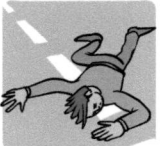

λιπόθυμος
inkonsian

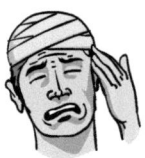

πόνος
douler

τραύμα

blesir

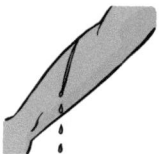

αιμορραγία

emorazi

έμφραγμα

kriz kardiak

εγκεφαλικό

atak serebral

αλλεργία

alerzik

βήχας

touse

πυρετός

lafiev

γρίπη

lagrip

διάρροια

diare

πονοκέφαλος

malad latet

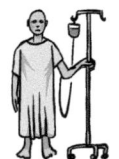

καρκίνος

kanser

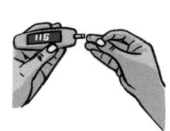

διαβήτης

diabet

χειρουργός

sirirzien

νυστέρι

skalpel

εγχείρηση

operasion

αξονική τομογραφία

CT

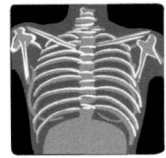

ακτινογραφία

x-ray

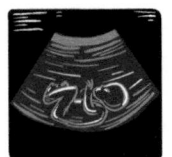

υπέρηχος

iltrason

μάσκα

mask

ασθένεια

maladi

αίθουσα αναμονής

sal-datant

πατερίτσα

beki

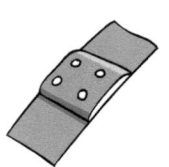

χάνσαπλαστ

pansman

επίδεσμος

bandaz

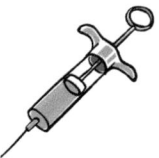

ένεση

inzeksion

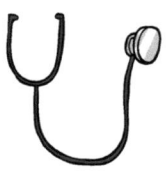

στηθοσκόπιο

stetoskop

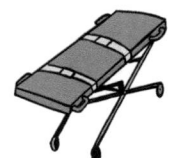

φορείο

brankar

θερμόμετρο

termomet

γέννηση

nesans

υπέρβαρο

sirpwa

ακουστικό βαρηκοΐας

laparey oditif

αντισηπτικό

dezinfektan

λοίμωξη

infeksion

ιός

viris

HIV/AIDS

HIV / SIDA

φάρμακο

medsinn

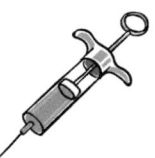

εμβολιασμός

vaksinasion

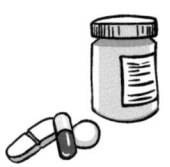

δισκία

konprime

χάπι

pilil kontraseptif

κλήση έκτακτης ανάγκης

korl irzans

πιεσόμετρο αίματος

laparey tansion

άρρωστος / υγιής

malad / bien

Βοήθεια!
o-sekour

συναγερμός
alarm

βιαιοπραγία
atak

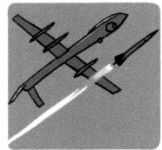

επίθεση
atak

κίνδυνος
danze

έξοδος κινδύνου
sorti de sekour

Φωτιά!
Dife!

πυροσβεστήρας
laponp dife

ατύχημα
aksidan

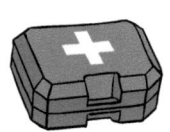

κουτί πρώτων βοηθειών
kit first aid

SOS
SOS

αστυνομία
lapolis

Ευρώπη

Ierop

Βόρεια Αμερική

Lamerik di nor

Νότια Αμερική

Lamerik di sid

Αφρική

Iafrik

Ασία

Iazi

Αυστραλία

Iostrali

Ατλαντικός Ωκεανός

Iatlantik

Ειρηνικός Ωκεανός

pasifik

Ινδικός Ωκεανός

Iosean indien

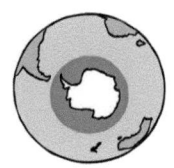

Ανταρκτικός Ωκεανός

Iosean antartik

Αρκτικός Ωκεανός

Iosean artik

Βόρειος Πόλος

Pol Nor

Νότιος Πόλος

Pol Sid

Ανταρκτική

Iantartik

Γη

later

γη

later

θάλασσα

lamer

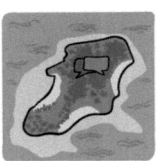

νησί

zil

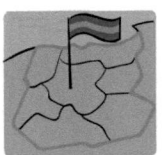

έθνος

nasion

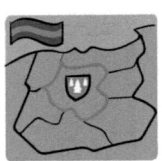

πολιτεία

Ieta

καντράν ρολογιού

kadran

ωροδείκτης

zegwi ler

λεπτοδείκτης

zegwi minit

δείκτης δευτερολέπτων

zegwi segonn

Τι ώρα είναι;

ki ler la ?

ημέρα

zour

χρόνος

letan

τώρα

aster-la

ψηφιακό ρολόι

mont dizital

λεπτό

minit

ώρα

ler

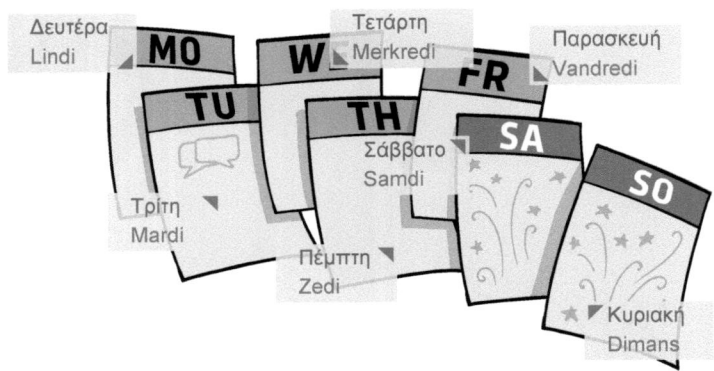

Δευτέρα
Lindi

Τετάρτη
Merkredi

Παρασκευή
Vandredi

Τρίτη
Mardi

Σάββατο
Samdi

Πέμπτη
Zedi

Κυριακή
Dimans

χθες
....
yer

σήμερα
....
zordi

αύριο
....
demin

πρωί
....
gramatin

μεσημέρι
....
midi

βράδυ
....
aswar

MO	TU	WE	TH	FR	SA	SU
1	2	3	4	5	6	7
8	9	10	11	12	13	14
15	16	17	18	19	20	21
22	23	24	25	26	27	28
29	30	31	1	2	3	4

εργάσιμες ημέρες
....
zour travay

MO	TU	WE	TH	FR	SA	SU
1	2	3	4	5	6	7
8	9	10	11	12	13	14
15	16	17	18	19	20	21
22	23	24	25	26	27	28
29	30	31	1	2	3	4

Σαββατοκύριακο
....
wikenn

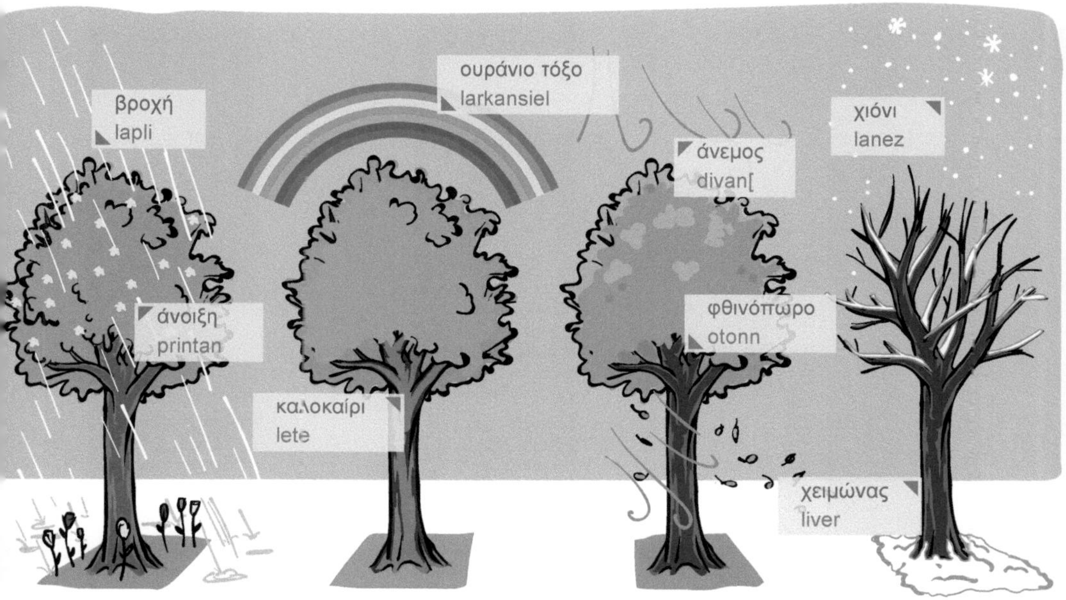

βροχή
lapli
ουράνιο τόξο
larkansiel
άνεμος
divan[
χιόνι
lanez
άνοιξη
printan
καλοκαίρι
lete
φθινόπωρο
otonn
χειμώνας
liver

4.APRIL 11°
5.APRIL 4°
6.APRIL 13°
7.APRIL 8°
8.APRIL 10°

πρόγνωση καιρού

meteo

F
C
120
90
60
30
0
-30
40
30
20
10
0
-10
-20

θερμόμετρο

termomet

λιακάδα

lalimier soley

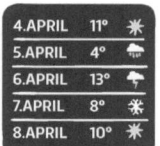

σύννεφο

niaz

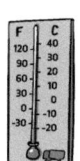

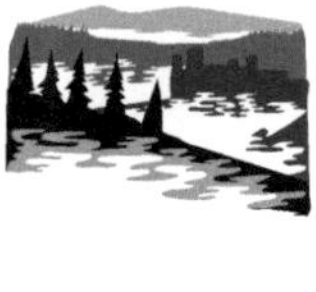

ομίχλη

brouyar

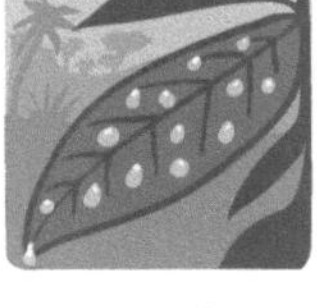

υγρασία

limidite

αστραπή

lafoud

κεραυνός

toner

καταιγίδα

tanpet

χαλάζι

lagrel

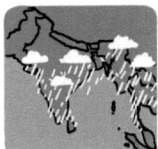

μουσώνας

mouson

πλημμύρα

inondasion

πάγος

laglas

Ιανουάριος

Zanvie

Φεβρουάριος

Fevriye

Μάρτιος

Mars

Απρίλιος

Avril

Μάιος

Me

Ιούνιος

Zien

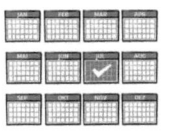

Ιούλιος

Zilie

Αύγουστος

Out

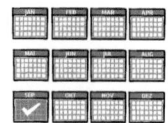

Σεπτέμβριος

Septam

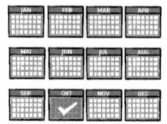

Οκτώβριος

Oktob

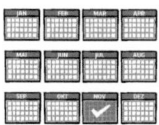

Νοέμβριος

Novam

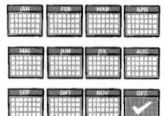

Δεκέμβριος

Desam

σχήματα
form

κύκλος

ron

τετράγωνο

kare

ορθογώνιο
παραλληλόγραμμο
rektang

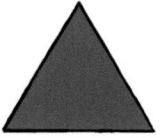

τρίγωνο

triang

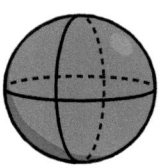

σφαίρα

sfer

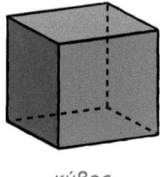

κύβος

kib

άσπρο

blan

κίτρινο

zonn

πορτοκαλί

oranz

ροζ

roz

κόκκινο

rouz

μωβ

mov

μπλε

ble

πράσινο

ver

καφέ

maron

γκρι

gri

μαύρο

nwar

πολύ / λίγο

boukou / enn tigit

θυμωμένος / ήρεμος

ankoler / kalm

όμορφος / άσχημος

zoli / vilin

αρχή / τέλος

koumansman / lafin

μεγάλος / μικρός

gro / tipti

φωτεινός / σκοτεινός

kler / obskirite

αδελφός / αδελφή

frer / ser

καθαρός / λερωμένος

prop / sal

πλήρης / ατελής

konple / inkonple

ημέρα / νύχτα

lizour / lanwit

νεκρός / ζωντανός

vivan / mor

φαρδύς / στενός

larz / sere

βρώσιμος / μη βρώσιμος

komestib / inkomestib

κακός / ευγενικός

move / bon

ενθουσιασμένος / βαριεστημένος

exsite / agase

παχύς / λεπτός

gra / mins

πρώτος / τελευταίος

premie / dernie

φίλος / εχθρός

kamwad / lennmi

γεμάτος / άδειος

ranpli / vid

σκληρός / μαλακός

dir / mou

βαρύς / ελαφρύς

lour / leze

πείνα / δίψα

fin / swaf

άρρωστος / υγιής

malad / bien

παράνομος / νόμιμος

ilegal / legal

έξυπνος / χαζός

intelizan / kouyon

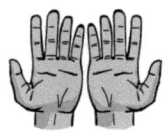

αριστερός / δεξιός

gos / drwat

κοντινός / μακρινός

pre / lwin

αντίθετα - opozision

καινούριος /
μεταχειρισμένος

nouvo / ize

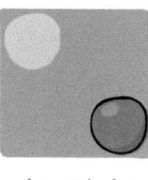

τίποτα / κάτι

nanye / kiksoz

γέρος | νέος

vie / zenn

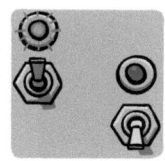

cναμμένος / σβηστός

demare / arete

ανοιχτός / κλειστός

ouver / ferme

χαμηλόφωνος /
μεγαλόφωνος
trankil / for

πλούσιος / φτωχός

ris / pov

σωστός / λανθασμένος

bon / move

τραχύς / λείος

brit / lis

λυπημένος / χαρούμενος

tris / zwaye

κοντός / μακρύς

kourt / long

αργός / γρήγορος

lan / rapid

υγρός / στεγνός

tranpe / sek

ζεστός / δροσερός

so / fre

πόλεμος / ειρήνη

lager / lape

0

μηδέν

zero

1

ένα

enn

2

δύο

de

3

τρία

trwa

4

τέσσερα

kat

5

πέντε

sink

6

έξι

sis

7

εφτά

set

8

οκτώ

wit

9

εννιά

nef

10

δέκα

distribiter biye

11

έντεκα

onz

12

δώδεκα
douz

13

δεκατρία
trez

14

δεκατέσσερα
katorz

15

δεκαπέντε
kinz

16

δεκαέξι
sez

17

δεκαεφτά
diset

18

δεκαοκτώ
dizwit

19

δεκαεννέα
diznef

20

είκοσι
vin

100

εκατό
san

1.000

χίλια
mil

1.000.000

εκατομμύριο
milyon

Αγγλικά

Angle

Αμερικάνικα Αγγλικά

Angle Lamerik

Μανδαρίνικα Κινέζικα

Mandarin Sinwa

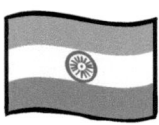

Χίντι

Hindi

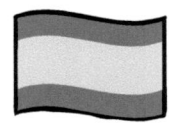

Ισπανικά

espagnol

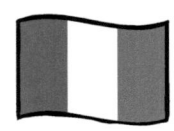

Γαλλικά

Franse

Αραβικά

Arab

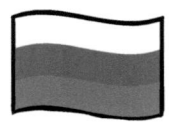

Ρώσικα

Ris

Πορτογαλικά

Portige

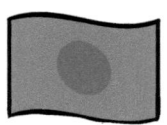

Μπενγκάλι

Bengali

Γερμανικά

Alman

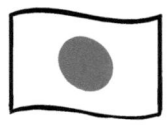

Ιαπωνικά

Zapone

εγώ

mo

εσύ

to

αυτός / αυτή / αυτό

li

εμείς

nou

εσείς

ou

αυτοί / αυτές / αυτά

zot

ποιος / ποια / ποιο;

kisana?

τι;

kiete?

πώς;

kouma?

πού;

kotsa?

πότε;

kan?

όνομα

nom

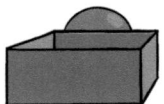

πίσω
deryer

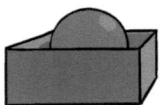

μέσα
dan

μπροστά
devan

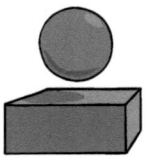

πάνω από
lor

πάνω
lor

κάτω
anba

δίπλα
akote

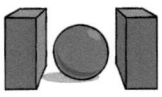

ανάμεσα
ant

μέρος
plas